O ALGORITMO DE DEUS
Caminho, verdade, vida

Editora Appris Ltda.
1.ª Edição - Copyright© 2025 do autor
Direitos de Edição Reservados à Editora Appris Ltda.

Nenhuma parte desta obra poderá ser utilizada indevidamente, sem estar de acordo com a Lei nº
9.610/98. Se incorreções forem encontradas, serão de exclusiva responsabilidade de seus organi-
zadores. Foi realizado o Depósito Legal na Fundação Biblioteca Nacional, de acordo com as Leis nos
10.994, de 14/12/2004, e 12.192, de 14/01/2010.

Catalogação na Fonte
Elaborado por: Dayanne Leal Souza
Bibliotecária CRB 9/2162

S586a 2025	Silva, Rodrigo da O algoritmo de Deus: caminho, verdade, vida / Rodrigo da Silva. – 1. ed. – Curitiba: Appris, 2025. 58 p. ; 21 cm. Inclui referências. ISBN 978-65-250-7305-7 1. Jesus. 2. Caminho. 3. Verdade. 4. Vida. I. Silva, Rodrigo da. II. Título. CDD – 231

Appris editorial

Editora e Livraria Appris Ltda.
Av. Manoel Ribas, 2265 – Mercês
Curitiba/PR – CEP: 80810-002
Tel. (41) 3156 - 4731
www.editoraappris.com.br

Printed in Brazil
Impresso no Brasil

Rodrigo da Silva

O ALGORITMO DE DEUS

Caminho, verdade, vida

Sauvé
EDITORA

Curitiba, PR
2025

FICHA TÉCNICA

EDITORIAL	Augusto Coelho
	Sara C. de Andrade Coelho
COMITÊ EDITORIAL	Angela Cristina Ramos
	Brasil Delmar Zanatta Junior
	Edmeire C. Pereira - UFPR
	Estevão Misael da Silva
	Marli Caetano
CONSULTOR *AD HOC*	Gilcione Freitas
SUPERVISORA EDITORIAL	Renata C. Lopes
PRODUÇÃO EDITORIAL	Sabrina Costa
REVISÃO	Rodrigo da Silva
DIAGRAMAÇÃO	Amélia Lopes
CAPA	Lívia Weyl
REVISÃO DE PROVA	Jibril Keddeh

Porque virá tempo em que não suportarão a sã doutrina; mas, tendo comichão nos ouvidos, amontoarão para si doutores conforme as suas próprias concupiscências.

(Bíblia, 2 Timóteo 4:3)

AGRADECIMENTOS

Começo este trabalho agradecendo a **Deus** por tudo que tem realizado em minha vida, pela sua misericórdia e por seu amor incondicional, agradeço pelas suas revelações.

Agradecendo a **Deus** pela coragem e ânimo para escrever, é com muita humildade que venho colocar no papel o que o Senhor tem colocado no meu coração. Na sua infinita bondade e misericórdia, em meio a tantos líderes formados e competentes para fazer este livro, O Senhor escolhe a mim. Eu me sinto honrado e maravilhado com a graça do Senhor em minha vida e sobre este trabalho.

Quero agradecer a meu **Deus**, por me dar graça e sabedoria em tempos difíceis como os da pandemia de Covid-19, quero agradecer a minha família, a minha esposa, Patrícia, e a minha filha, Sophia. Agradeço a minha MÃE, DONA NICE. Gratidão ao Senhor, que através de suas revelações tem me levado a essa busca de conhecimento, dedico esta obra a todos os meus irmãos em **Cristo Jesus**, agradeço muito a tantos homens e mulheres de **Deus** que, de alguma forma, têm me abençoado tão ricamente, e não conseguiria lembrar de todos, mas preciso aqui agradecer muito mesmo a minha Pastora amada Marilza Meni e toda família Meni, por seu amor para com minha família e pela sua dedicação na obra do SENHOR, MULHER usada por **Deus**, e por sua cobertura espiritual.

Deus é bom o tempo todo.

O tempo todo **Deus** é bom.

*"DISSE-LHE **JESUS**: EU sou o caminho, a verdade e a vida".*
(Bíblia, João 14:6)

*Dedico esta obra a todos que me apoiaram na construção e informações, a todos que confiaram e acreditaram no projeto Algoritmo de **Deus**. Dedico esta obra ao meu amigo, pastor Jean Carlos, do (ABJ). Ao amado pastor José Carvalho de Almeida e Maria, meus pais na fé e referências. Dedico esta obra ao amado homem de **Deus** Ricardo Meni, meu inspirador. Dedico esta obra ao meu irmão, Edvilson Adriano.*

APRESENTAÇÃO

Há quatro anos venho dedicando a esta obra tempo e amor, e com muito cuidado venho trazer um material didático e de evangelismo para nossa geração, uma geração muito confusa por causa de um evangelho distorcido.

É com isso em mente que apresento a você como devemos ser como igreja, através de um algoritmo de **Deus**, caminho, verdade e vida. O estudo deste livro certamente irá apresentar resultados visíveis num curto espaço de tempo, pois o autor enfatiza a necessidade urgente de evangelizar todas as pessoas e, ao mesmo tempo, ensina como ajudar as a se manterem firmes na fé, e aprender como ser uma igreja verdadeira, como ser uma igreja profética nestes tempos tão desafiadores.

Porque virá tempo em que não suportarão a sã doutrina; mas, tendo comichão nos ouvidos, amontoarão para si doutores conforme as suas próprias concupiscências (**Bíblia, 2 Timóteo 4:3**).

SUMÁRIO

Introdução 15

Capítulo 1
Como uma igreja verdadeira age e vive 17

Capítulo 2
Quem é igreja verdadeira 19

Capítulo 3
Cristo voltará 21

Capítulo 4
Caminho, verdade e vida 26

Capítulo 5
Santidade 29

Capítulo 6
A oração 32

Capítulo 7
O Caminho 35

Capítulo 8
Passaporte para o céu 39

Capítulo 9
A verdade 41

Capítulo 10
A vida 45

nos ensina que somos templo e morada do Espírito Santo, que nós, homens e mulheres, somos de fato a igreja. Nos dias de hoje há muita confusão no meio evangélico. Não podemos negar que são muitos pregadores (na televisão, no rádio e nas igrejas) que tentam convencer as pessoas com seu estilo e suas convicções. E diante de tantas vozes que ecoam sobre a Bíblia, alguém já me perguntou: "Como posso saber se o evangelho que é pregado na minha igreja não é falso?" Há muitas pessoas vendendo "gato por lebre", isto é, apresentando um evangelho falsificado ou diluído para agradar às multidões. Então, precisamos recorrer às Escrituras para não comprar "gato por lebre".

Estejamos cientes de que operar milagres e realizar qualquer outro tipo de sinal (ou até professar o nome de **Jesus**) não é prova de que uma igreja é de **Deus**, pois Satanás e seus anjos maus têm poder para fazer tais coisas, inclusive através de líderes religiosos. O que faz uma igreja ser verdadeira é seguir, em tudo, a vontade do Pai: "Se me amais, guardareis os meus mandamentos" (**Bíblia, João 14:15**). "Por que me chamais Senhor, Senhor, e não fazeis o que vos mando?" (**Bíblia, Lucas 6:46**). "Se guardardes os meus mandamentos, permanecereis no meu amor, assim como também eu tenho guardado os mandamentos de meu Pai e no seu amor permaneço" (**Bíblia, João 15:10**). Como você pode saber se o evangelho que é pregado na igreja que frequenta não é falso? O caminho correto é comparar o que você ouve na sua igreja com Evangelho que foi pregado por **Cristo** e explicado pelos apóstolos nas Escrituras. É importante observar o que está registrado na Bíblia, pois somente ela oferece o autêntico evangelho. Quando as Escrituras são deturpadas, surgem os falsos evangelhos.

Capítulo 3

Cristo voltará

Vivemos dias difíceis em todos os sentidos e áreas, e podemos falar também que a volta do mestre **Jesus Cristo** está próxima e já bate à porta, e precisamos estar com nossas vestes lavadas no sangue do cordeiro.

Cristo voltará para buscar a sua igreja, e levará com ele somente a igreja verdadeira, as igrejas falsas e falsificadas ficarão e serão condenadas.

Vejamos a seguir alguns versículos que falam sobre a volta do mestre **Jesus Cristo**.

(Bíblia, Atos dos Apóstolos 1:9-11)

Tendo dito isso, foi elevado às alturas enquanto eles olhavam, e uma nuvem o encobriu da vista deles. E eles ficaram com os olhos fixos no céu enquanto ele subia. De repente surgiram diante deles dois homens vestidos de branco, que lhes disseram: "Galileus, por que vocês estão olhando para o céu? Este mesmo **Jesus***, que dentre vocês foi elevado aos céus, voltará da mesma forma como o viram subir".*

(Bíblia, 1 Tessalonicenses 4:16-17)

Pois, dada a ordem, com a voz do arcanjo e o ressoar da trombeta de **Deus***, o próprio Senhor descerá dos céus, e os mortos em* **Cristo** *ressuscitarão primeiro. Depois nós, os que estivermos vivos, seremos arrebatados com eles nas nuvens, para o encontro com o Senhor nos ares. E assim estaremos com o Senhor para sempre.*

(Bíblia, Hebreus 9:27-28).

Da mesma forma, como o homem está destinado a morrer uma só vez e depois disso enfrentar o juízo, assim também **Cristo** foi oferecido em sacrifício uma única vez, para tirar os pecados de muitos; e aparecerá segunda vez, não para tirar o pecado, mas para trazer salvação aos que o aguardam.

(Bíblia, Mateus 24:36-39)

Quanto ao dia e à hora ninguém sabe, nem os anjos dos céus, nem o Filho, senão somente o Pai. Como foi nos dias de Noé, assim também será na vinda do Filho do homem. Pois nos dias anteriores ao Dilúvio, o povo vivia comendo e bebendo, casando-se e dando-se em casamento, até o dia em que Noé entrou na arca; e eles nada perceberam, até que veio o Dilúvio e os levou a todos. Assim acontecerá na vinda do Filho do homem.

(Bíblia, Marcos 13:32)

Quanto ao dia e à hora ninguém sabe, nem os anjos no céu, nem o Filho, senão somente o Pai.

(Bíblia, Mateus 24:42-44)

Portanto, vigiem, porque vocês não sabem em que dia virá o seu Senhor. Mas entendam isto: se o dono da casa soubesse a que hora da noite o ladrão viria, ele ficaria de guarda e não deixaria que a sua casa fosse arrombada. Assim, vocês também precisam estar preparados, porque o Filho do homem virá numa hora em que vocês menos esperam.

(Bíblia, 2 Tessalonicenses 2:1-4)

Irmãos, quanto à vinda de nosso Senhor **Jesus Cristo** e à nossa reunião com ele, rogamos a vocês que não se deixem abalar nem alarmar tão facilmente, quer por profecia, quer por palavra, quer por carta *supostamente vinda de nós, como se o dia do Senhor já tivesse chegado. Não deixem que ninguém os engane de modo algum. Antes daquele dia virá a apostasia e, então, será se opõe e se exalta acima de tudo o que se chama **Deus** ou é objeto de adoração, chegando até a assentar-se no santuário de **Deus**, proclamando que ele mesmo é **Deus**.*

(Bíblia, 1 Tessalonicenses 5:1-3)

Irmãos, quanto aos tempos e épocas, não precisamos escrever pois vocês mesmos sabem perfeitamente que o dia do Senhor virá como ladrão à noite. Quando disserem: "Paz e segurança", a destruição virá sobre eles de repente, como as dores de parto à mulher grávida; e de modo nenhum escaparão.

(Bíblia, Marcos 13:24-27)

"Mas, naqueles dias, após aquela tribulação," 'o sol escurecerá e a lua não dará a sua luz; as estrelas cairão do céu e os poderes celestes serão abalados'. "Então verão o Filho do homem vindo nas nuvens com grande poder e glória. E ele enviará os seus anjos e reunirá os seus eleitos dos quatro ventos, dos confins da terra até os confins do céu.

(Bíblia, Apocalipse 19:11-16)

*Vi os céus abertos e diante de mim um cavalo branco, cujo cavaleiro se chama Fiel e Verdadeiro. Ele julga e guerreia com justiça. Seus olhos são como chamas de fogo, e em sua cabeça há muitas coroas e um nome que só ele conhece, e ninguém mais. Está vestido com um manto tingido de sangue, e o seu nome é Palavra de **Deus**. Os exércitos dos céus o seguiam, vestidos de linho fino, branco e puro, e montados em cavalos brancos. De sua boca sai uma espada afiada, com a qual ferirá as nações. "Ele as governará com cetro de ferro." Ele pisa o lagar do vinho do furor da ira do **Deus** todo-poderoso. Em seu manto e em sua coxa está escrito este nome: REI DOS REIS E SENHOR DOS SENHORES.*

(Bíblia, Mateus 25:31-33)

Quando o Filho do homem vier em sua glória, com todos os anjos, ele se assentará em seu trono na glória celestial. Todas as nações serão reunidas diante dele, e ele separará umas das outras como o pastor separa as ovelhas dos bodes. E colocará as ovelhas à sua direita e os bodes à sua esquerda.

(Bíblia, Lucas 9:26)

Se alguém se envergonhar de mim e das minhas palavras, o Filho do homem se envergonhará dele quando vier em sua glória e na glória do Pai e dos santos anjos.

(Bíblia, 2 Pedro 3:8-10)

Não se esqueçam disto, amados: para o Senhor um dia é como mil anos, e mil anos como um dia. O Senhor não demora em cumprir a sua promessa, como julgam alguns. Ao contrário, ele é paciente com vocês, não querendo que ninguém pereça, mas que todos cheguem ao arrependimento. O dia do Senhor, porém, virá como ladrão. Os céus desaparecerão com um grande estrondo, os elementos serão desfeitos pelo calor, e a terra, e tudo o que nela há, será atingida.

(Bíblia, 2 Pedro 3:11-13)

Visto que tudo será assim desfeito, que tipo de pessoas é necessário que vocês sejam? Vivam de maneira santa e piedosa, esperando o dia de **Deus** *e apressando a sua vinda. Naquele dia os céus serão desfeitos pelo fogo, e os elementos se derreterão pelo calor. Todavia, de acordo com a sua promessa, esperamos novos céus e nova terra, onde habita a justiça.*

(Bíblia, Apocalipse 22:12)

Eis que venho em breve! A minha recompensa está comigo, e eu retribuirei a cada um de acordo com o que fez.

(Bíblia, João 14:2-3)

Na casa de meu Pai há muitos aposentos; se não fosse assim, eu teria dito a vocês. Vou preparar lugar para vocês. E, quando eu for e preparar lugar, voltarei e os levarei para lim para que vocês estejam onde eu estiver.

(Bíblia, Apocalipse 22:20)

Aquele que dá testemunho destas coisas diz: "Sim, venho em breve!"

(Bíblia, Lucas 21:27)

Então se verá o Filho do homem vindo numa nuvem com poder e grande glória.

(Bíblia, Mateus 16:27)

Pois o Filho do homem virá na glória de seu Pai, com os seus anjos, e então recompensará a cada um de acordo com o que tenha feito.

(Bíblia, Lucas 21:34-36)

Tenham cuidado, para não sobrecarregar o coração de vocês de libertinagem, bebedeira e ansiedades da vida, e aquele dia venha sobre vocês inesperadamente. Porque ele virá sobre todos os que vivem na face de toda a terra. Estejam sempre atentos e orem para que vocês possam escapar de tudo o que está para acontecer e estar em pé diante do Filho do homem.

Capítulo 4

Caminho, verdade e vida

Existem pontos primordiais que quero ressaltar, os quais fazem parte da vida de uma igreja.

Respondeu **Jesus**: "Eu sou o caminho, a verdade e a vida. Ninguém vem ao Pai, a não ser por mim. Esta é uma das perguntas mais importantes que um ser humano pode fazer para si e para Deus. Todos os caminhos realmente levam a **Deus**?

Isso porque o ditado que diz que "todos os caminhos conduzem a **Deus**" é um engano de Satanás para iludir as pessoas e fazê-las "adorar" ao próprio inimigo de qualquer jeito, para que percam a salvação. Para **Jesus**, não há "muitos caminhos", mas apenas dois: um que conduz a **Deus** e outro que leva para a perdição: "Entrai pela porta estreita (larga é a porta, e espaçoso, o caminho que conduz para a perdição, e são muitos os que entram por ela), porque estreita é a porta, e apertado, o caminho que conduz para a vida, e são poucos os que acertam com ela" (**Bíblia, Mateus 7:13-14**). "Há caminho que ao homem parece direito, mas ao cabo dá em caminhos de morte" (**Bíblia, Provérbios 14:12**). Há, no meio "religioso", falsos ensinamentos dos quais temos de nos cuidar: "Acautelai-vos dos falsos profetas, que se vos apresentam disfarçados em ovelhas, mas por dentro são lobos roubadores" (**Bíblia, Mateus 7:15**). A Bíblia nos fornece as características da igreja verdadeira. Ao escolhermos uma congregação para frequentar, precisamos levar em conta que há muitas portas para entrar no inferno, mas porta para sair dele não existe. "Ninguém vem ao Pai senão por mim" – Vir ao Pai é obter seu favor, ter acesso ao seu trono pela oração e, finalmente, entrar no seu reino. Ninguém pode obter nenhuma dessas coisas, exceto pelos méritos do Senhor **Jesus** Cristo. Vir por ele significa vir em seu nome e dependendo de seus méritos.

Veja como a palavra de **Deus** nos ensina que igreja verdadeira tem **Jesus Cristo** como mediador. Primeiramente a palavra e base que iremos seguir é essa, a palavra de **Deus**. Para que uma igreja possa falar que é verdadeira, tem que estar dentro dessa palavra, CAMINHO, VERDADE E VIDA.

Existem denominações que afirmam ser uma igreja verdadeira, existem padres, pastores, rabinos e anciões que afirmam estar em uma igreja verdadeira, será verdade? Qualquer ensinamento que promete saúde física perfeita nesta vida como resultado da salvação em **Cristo** é um falso evangelho. **Jesus** nunca prometeu que os seus seguidores ficariam livres de qualquer problema de saúde e teriam saúde garantida. O crente também sofre de câncer, tem hepatite e pneumonia. E se não for ao médico e tratar-se corretamente, pode morrer dessas doenças, precisamos tomar cuidado com a autossabotagem. **Cristo** pagou o preço porque o nosso maior problema era o pecado e não doenças físicas. A Sua morte em favor do pecador serviu como livramento da condenação do pecado. Então, se você está ouvindo um evangelho que só promete libertar você de seus problemas de saúde e financeiros (exemplo: teoria da prosperidade), tome cuidado, porque este é um falso evangelho.

Qualquer ensinamento que nega a realidade do céu e do inferno é um falso evangelho. Satanás quer enganar se possível até os crentes. E muitos hoje acreditam neste ensino errado. Se observarmos o que **Jesus** ensinava, vamos perceber que ele falou várias vezes sobre o inferno como um lugar real. Não é uma ilusão ou invenção de alguém. O inferno é um lugar de tormento para todos aqueles que rejeitaram a salvação pela fé oferecida por **Cristo**. **Jesus** contou a história do rico e de Lázaro para mostrar a situação do homem que morreu confiando em suas riquezas e estava em tormento nesse lugar chamado inferno.

Aos 10 anos de idade, eu era frequentador de várias religiões, e apenas com 10 aninhos sabia que algo estava errado e precisava de mudança, foi quando meu irmão Adriano me convidou para um culto. Lembro que, ao entrar pelo portão da igreja, o PASTOR estava pregando, "vinde a mim todos os que estais cansados e oprimidos, e eu vos aliviarei", pois era justamente o que eu precisava ouvir, eu estava cansado e oprimido, e exatamente nesse dia eu aceitei a **JESUS CRISTO** como meu SENHOR e salvador. E quantos que estão cansados e sobrecarregados com seus problemas, tarefas e complicações que a vida traz?

Capítulo 5

Santidade

A igreja que busca o carimbo de seu passaporte para entrar no céu, não vive no seu próprio caminho, não vive na sua própria verdade, não vive na sua própria vida, mas vive nos caminhos de **Jesus**, na verdade de **Jesus**, na vida de **Jesus**.

Uma igreja que busca e almeja ir para o céu precisa viver em santidade com o pai, e permitir que **Deus**, venha morar em nós. E como ter uma vida de santidade? Aprendemos em sua palavra.

Santidade é aquilo que nós precisamos viver na nossa vida, é aquilo que nós precisamos exercer na nossa vida, para fazer cumprir em nós o convite que **Deus** nos faz, viver em santidade e permitir que **Deus** habite em nós.

Onde fala sobre santidade na Bíblia?

Há diversas passagens na Bíblia onde encontramos a manifestação da vontade de **Deus** para que sejamos santos. No antigo testamento nós encontramos: "Santificai-vos e sede santos, porque eu sou o Senhor vosso **Deus**. Guardai as minhas leis e ponde-as em prática. Eu sou o Senhor que vos santifica" (**Bíblia, Levítico 20:7-8**).

Também encontramos no novo testamento, em que o próprio **Jesus** nos diz: "Sede, portanto, santos como o vosso Pai Celeste é santo" (**Bíblia, Mateus 5:48**).

E ainda nas cartas do apóstolo Paulo quando ele vai dizer qual é a vontade que **Deus** tem para cada um dos seus filhos, Paulo diz assim: "A vontade de **Deus** é que sejais santos" (**Bíblia, 1 Tessalonicenses 4:3**) e "**Deus** não nos chamou para a impureza, mas para a santidade" (**Bíblia, 1 Tessalonicenses 4:7**).

Santidade é viver cada vez mais unido a **Deus**. Se você quiser saber se você está no caminho da santidade, é só você olhar para sua vida. Você tem vivido unido a **Deus**?

Para os cristãos, viver uma vida de santidade ao Senhor significa abdicar de práticas que são consideradas abomináveis diante de **Deus**. Significa viver comprometido com tudo aquilo que é tido como "santo", no sentido de ser honesto, limpo, correto, benigno etc.

Para sua motivação:

"Santo não é aquele que não se suja; santo é aquele que se limpa constantemente."

O que é viver em Santidade??

De forma bem simples; para ficar mais fácil entender, vou usar uma pequena ilustração...

Por exemplo, imagine uma pia cheia de louça suja para lavar.

Existe aquela dona de casa que vai se esforçar o tempo todo para deixar a pia limpa e sem louça suja. A qualquer hora que você for visitá-la, a casa está limpa e arrumada porque ela limpa a casa o tempo todo. Por outro lado, existe aquela dona de casa que deixa a sujeira acumular na pia. A qualquer hora que você for visitá-la, a casa está suja.

Portanto, a mesma coisa acontece no mundo espiritual. Existem pessoas que procuram manter suas vestes brancas o tempo todo e, por outro lado, existem pessoas que estão com as vestes sujas o tempo todo.

Certamente, quando pecamos e deixamos para nos consertar depois, nossos pecados se acumulam e começam a feder diante das narinas de **Deus**.

Agora, quando pecamos e logo em seguida pedimos perdão a **Deus** e procuramos nos consertar, o sangue de **Jesus** nos limpa e purifica de todo o pecado.

Ora, amados, pois que temos tais promessas, purifiquemo-nos de toda imundície da carne e do espírito, aperfeiçoando a santificação no temor de **Deus (Bíblia, 2 Coríntios 7:1)**.

Vou repetir mais uma vez esta reflexão, para sua motivação:

"Santo não é aquele que não se suja; santo é aquele que se limpa constantemente."

Capítulo 6

A oração

A oração nos aproxima de **Deus**, e nos deixa mais santos. A conexão feita com **Deus** através da oração arranca de nós a carnalidade e nos transforma.

A oração não procura atrair Deus para nós, porque **Deus** "é mais interior a nós do que nós mesmos". Como sempre digo, a oração é um excelente mecanismo que movimenta a mão de **DEUS** a nosso favor.

Quem tem uma vida de constante oração, tem uma vida de constante relacionamento com o Pai. Quem tem uma vida de constante oração, tem uma vida de constante intimidade com o pai. Quem tem uma vida de constante oração, tem uma vida de constante santidade com o pai.

A oração é uma excelente ferramenta que movimenta a mão de **Deus** a nosso favor. Além de nos fazer ser mais íntimos do Pai, é também uma eminente ferramenta para abençoarmos ao nosso próximo, já dizia certa frase: Uma das maneiras mais poderosas de se amar alguém é orando por ele... A oração é o dom de **Deus** para abençoar outros.

Precisamos ter uma vida de oração (constante), igreja que não ora, não é igreja.

Quem se lembra do filme *Quarto de guerra*? Nesse filme aprendemos a importância da oração em nossas vidas e a sermos um pedacinho de **CRISTO** na vida de pessoas.

"Se o ferro está embotado e não se lhe afia o corte, é preciso redobrar a força" (**Bíblia, Ecl0:10**).

Quando não oramos o suficiente, nossa vida pode ser comparada a um machado sem corte, em que o lenhador precisa colocar muita força para executar o trabalho; mas quando o machado está afiado, não é preciso despender de muita energia. Assim, quando nos preparamos em oração, nos tornamos afiados nas mãos de **Deus**.

Finalmente a verdade foi dita na TV americana. A filha de Billy Graham estava sendo entrevistada no *Early Show* e Jane Clayson perguntou a ela: "Como é que Deus teria permitido algo horroroso assim acontecer no dia 11 de setembro?" Anne Graham deu uma resposta profunda e sábia: "Eu creio que **Deus** ficou profundamente triste com o que aconteceu, tanto quanto nós. Por muitos anos temos dito para **Deus** não interferir em nossas escolhas, sair do nosso governo e sair de nossas vidas. Sendo um cavaleiro como **Deus** é eu creio que Ele calmamente nos deixou. Como poderemos esperar que **Deus** nos dê a sua benção e a sua proteção se nós exigimos que Ele não se envolva mais conosco?"

À vista de tantos acontecimentos recentes, ataque dos terroristas, tiroteio nas escolas e outras coisas... Eu creio que tudo começou desde que Madeline Murray O'Hare (que foi assassinada) se queixou de que era impróprio se fazer oração nas escolas americanas como se fazia tradicionalmente, e nós concordamos com a sua opinião. Depois disso, alguém disse que seria melhor também não ler mais a Bíblia nas escolas... A Bíblia que nos ensina que não devemos matar, roubar e devemos amar o nosso próximo como a nós mesmos. E nós concordamos com esse alguém. Logo depois o Dr. Benjamin Spock disse que não deveríamos repreender nossos filhos quando eles se comportassem mal, porque suas personalidades em formação ficariam distorcidas e poderíamos prejudicar sua autoestima (o filho dele se suicidou), e nós dissemos: "Um perito nesse assunto deve saber o que está falando". E então concordamos com ele.

Depois alguém disse que os professores e diretores das escolas não deveriam disciplinar nossos filhos quando se comportassem mal. Então foi decidido que nenhum professor poderia disciplinar os alunos... (há diferença entre disciplinar e tocar). Aí, alguém sugeriu que deveríamos deixar que nossas filhas fizessem aborto, se elas assim o quisessem. E nós aceitamos sem ao menos questionar.

Então, foi dito que deveríamos dar aos nossos filhos tantas camisinhas quantas eles quisessem para que pudessem se divertir à vontade. E nós dissemos: "Está bem!" Então alguém sugeriu que imprimíssemos revistas com fotografias de mulheres nuas, e disséssemos que isto é uma coisa sadia e uma apreciação natural do corpo feminino. E nós dissemos: "Está bem, isto é democracia, e eles têm o direito de ter liberdade de se expressar e fazer isso". Depois uma outra pessoa levou isso um passo mais adiante e publicou fotos de crianças nuas e foi mais além ainda, colocando-as à disposição da internet. Agora nós estamos nos perguntando por que nossos filhos não têm consciência e por que não sabem distinguir o bem do mal, o certo do errado; por que não lhes incomoda matar pessoas estranhas ou seus próprios colegas de classe ou a si próprios.

Provavelmente, se nós analisarmos seriamente, iremos facilmente compreender: nós colhemos só aquilo que semeamos! Uma menina escreveu um bilhetinho para **Deus**: "Senhor, por que não salvaste aquela criança na escola?" A resposta dele: "querida criança, não Me deixam entrar nas escolas!" É triste como as pessoas simplesmente culpam a **Deus** e não entendem por que o mundo está indo a passos largos para o inferno. É triste como cremos em tudo que os jornais e a TV dizem, mas duvidamos do que a Bíblia, do que O **Deus**, que nós falamos que seguimos, ensina.

É triste quando alguém diz: "eu creio em **Deus**, mas ainda assim segue a satanás, que, por sinal, também "crê" em **Deus**. É impressionante como somos rápidos para julgar, mas não queremos ser julgados! Como podemos enviar centenas de piadas pelo WhatsApp, pelo Facebook, pelo *e-mail*, e elas se espalham como fogo, mas, quando tentamos enviar uma mensagem falando de **Deus**, por algum desses veículos, as pessoas têm medo de compartilhar e reenviá-la a outros! É triste ver como o material imoral, obsceno e vulgar corre livremente na internet, mas uma discussão pública a respeito de **Deus** é suprimida rapidamente na escola e no trabalho.

A oração é uma excelente ferramenta que movimenta a mão de **DEUS** a nosso favor.

Capítulo 7

O Caminho

O Senhor que nos conduz ao caminho por onde devemos andar.

Você tem feito de **Deus** o caminho da sua vida? Você tem feito da palavra de **Deus** a orientação dos seus passos? A Sua palavra é a luz que você usa na sua vida ou você se orienta por outros? Quem é o caminho da sua vida?

Quem é aquele que o conduz a cada dia? Portanto, viva cada vez mais mergulhado em Deus, se entregue a **Deus**. Buscar viver como **Jesus** viveu. Perdoar como **Jesus** perdoou, amar como **Jesus** amou.

O ideal é grande e **Deus** nos chama para as coisas do alto, não para as coisas da terra.

Paulo nos diz "Haja entre vós o mesmo sentir e pensar que no Cristo Jesus" (**Bíblia, Filipenses 2:5**) para que nós possamos dizer "Eu vivo, mas não eu: é Cristo que vive em mim" (**Bíblia, Gálatas 2:20**).

Eu devo amar o meu semelhante da mesma forma que **Jesus** me ama. Isso é um caminho para a santidade. É assim que vamos ser santos.

Santidade não é pagar o mal com o mal. **Deus** quer olhar para nós e encontrar coisas boas no nosso coração. **Deus** não quer olhar para nós e encontrar ódio, rancor, ressentimento, isso não é o caminho do céu.

Na oração do Pai Nosso, dizemos para **Deus** "seja feita a Vossa vontade", então a santidade exige de nós cumprir a vontade de **Deus**, é isso que está na sagrada escritura, **Jesus** nos diz: "O meu alimento é fazer a vontade daquele que me enviou e levar a termo a sua obra" (**Bíblia, João 4:34**).

Como é possível viver a santidade nos dias de hoje?

Santidade não é algo que se exige, é algo que se oferece. É mesmo possível andar e viver em santidade? Sim, é possível. **Deus** (o seu criador) conhece os seus limites; e se Ele (o seu criador) está pedindo para você fazer algo, é porque Ele sabe que você é capaz de fazer. E ainda que não seja, Ele é mais do que poderoso para capacitá-lo. Em outras palavras, você precisa aceitar **Cristo** e deixar que o Espírito Santo opere na sua vida. Antes que você possa realmente ter "sede" de santidade, precisa obter um entendimento de por que é importante para você fazer o que **Deus** deseja.

A oração é um ótimo caminho que pode nos ajudar a viver a santidade nos dias de hoje.

Caminho para viver a santidade: Vida de Oração.

Não negligencie a vida de oração. Não troque a intimidade com **Deus** por outra coisa ou lazer.

Ore, faça o tempo de **Deus** na sua vida, faça instantes para estar com **Deus**, para dialogar com ele, para abrir seu coração a Ele, fale a Ele e deixe Ele também lhe falar, a vida de oração é um dos caminhos fundamentais para se viver a santidade.

A oração nos ensina a se relacionar com **Deus**, a amá-Lo e obedecer-Lhe. Nós não oramos para que "**Deus**" faça a nossa vontade, e sim para aprender a fazer a vontade d **Deus**, para termos um coração dócil e aprendermos a obedecer ao Senhor.

E a oração da fé salvará o doente, e o Senhor o levantará, e, se houver cometido pecados, ser-lhe-ão perdoados... Confessai as vossas culpas uns aos outros, e orai uns pelos outros, para que sareis. A oração feita por um justo pode muito em seus efeitos, um dos segredos de como orar mais é reservar um tempo do seu dia para isso. Procure priorizar este momento, mesmo com tantos compromissos, pois é a conversa mais importante do dia.

A PROPOSTA DE DEUS PARA TODOS NÓS

Disse **Jesus**: "Eu sou o Caminho, a Verdade e a Vida" (**Bíblia, Jo 14:6a**). Ao colocar essas afirmações, Ele consegue afirmar o processo de santificação, e de cura. Ele mostra como pode fazer um processo de cura do homem como um todo, porque a grande meta de **Jesus** é que todos sejamos perdoados, regenerados e inteiramente curados.

Não podemos ir para o céu doentes, ou com nossas vestes sujas, sujos com arrogância, desamor, ódio, sujo com idolatria, sujo com prazeres deste mundo.

Andem sempre pelo caminho que o Senhor, o seu **Deus**, lhes ordenou, para que tenham vida, tudo lhes vá bem e os seus dias se prolonguem na terra da qual tomarão posse.

Obedeçam aos mandamentos do Senhor, o seu **Deus**, andando em seus caminhos e dele tendo temor.

Uma grande dificuldade de muitas igrejas é andar no caminho de **Jesus**, e trilham seus próprios caminhos, caminhos esses que não levam para o céu. Neste exato momento, vejo um vídeo em meu celular, onde um pastor pregando em uma igreja, numa das mãos o microfone e em outra mão uma víbora, aliás no vídeo aqui ele e picado pela víbora várias vezes e passa muito mal, a ponto de encerrar o culto.

O grande desafio da igreja atualmente é manter a constante presença de pessoas em cultos, e aí que está entrando muita heresia na palavra e perdem a direção do **Espírito Santo**, não dão espaço para o **Espírito Santo** agir.

Jesus se diz o Caminho, que implica, para todos nós, cristãos, para todos aqueles que de fato querem chegar ao Pai, uma porta estreita, difícil de passar (**Jo 10:9**). Ninguém vai ao Pai se não passar por **Jesus**, e para passar por **Jesus** é necessário entender sua proposta.

E a proposta de **Deus** para nós é que possamos viver uma vida de pleno conhecimento da palavra, sermos íntimos de **Deus**, uma proposta para sermos filhos verdadeiros das promessas, participar do verdadeiro banquete celestial, amar uns aos outros, ser fiel, essa é a proposta de **Deus** para todos nós.

O Caminho significa seguir os passos de **Jesus**, assumir as consequências do discipulado. Simboliza resignação, esvaziamento, obediência a Deus. Significa aceitar a perseguição. O Caminho é carregar a cruz, o Caminho é **Jesus Cristo**.

Devemos andar no caminho do Senhor e sermos fortes. E para andar no caminho do Senhor é necessário andar por fé e na certeza de que Ele está conosco... E o primeiro passo que Deus espera de você neste momento é que confie no Senhor, crendo que Ele é o melhor caminho para a sua vida.

Capítulo 8

Passaporte para o céu

Eu posso falar com toda convicção, pois já busquei inúmeros caminhos, mas aprendi a endireitar as rotas de minha jornada, e achar esse caminho que é Jesus Cristo.

No ano de 2002 fui para os Estados Unidos e me recordo do momento em que fui tirar o passaporte no consulado americano na cidade de São Paulo.

Ao chegar no consulado americano, algo que me chamou muito a atenção foi o aparato militar logo na entrada e por todos os lados do consulado, isso foi algo que me assustou muito naquele dia, e analisando a cena e o aparato militar, percebi que aquele lugar é um lugar bem guardado e protegido por muitos militares, com a finalidade de proteger algo muito importante.

Muitas pessoas vão ao consulado para adquirir vistos para entrar nos Estados Unidos, e muitos se frustram com o pedido negado, e voltam para sua casa sem o carimbo em seus passaportes, devido à falta de documentos, de transparência, alguns mentem, documentos falsos etc.

Da mesma forma podemos comparar com o passaporte para o céu, muitos não irão conseguir o carimbo para entrar nele por falta de transparência, verdade, vestes lavadas no sangue do cordeiro, falta de amor, falta de submissão ao senhor e a sua palavra, falta de saúde espiritual, falta de inteligência emocional e espiritual.

Ao sair do consulado americano em São Paulo, peguei um táxi e, indo para a rodoviária, vi um carro, e nele estava escrito **JESUS É O MEU PASSAPORTE PARA O CÉU**, e essa mensagem não saiu de minha cabeça, pois já ouvi inúmeras pregações que falavam que **JESUS** É O PASSAPORTE PARA O CÉU, mas fiquei com dúvidas a respeito dessa frase, cheguei em minha cidade e a mesma frase não saía de minha cabeça, foi aí que percebi que o **ESPÍRITO SANTO** estava falando comigo, e aprendi que o passaporte são minhas atitudes, minha conduta cristã, minhas orações, minha santidade, onde o grande embaixador **JESUS CRISTO** carimbou e possibilitou acesso ao céu.

Capítulo 9

A verdade

Em latim, a verdade (*Veritas*) é aquilo que pode ser demonstrado com precisão, referindo-se ao rigor e a exatidão... A união desses conceitos fez com que Tomás de Aquino terminasse definindo a verdade como expressão da realidade, a concepção em voga entre nós, no senso comum, até hoje.

Nós encontramos a Verdade nos ensinamentos de **Jesus Cristo**, nas suas ações, na sua forma de agir. A verdade que contrapõe é uma verdade falsa, é a verdade do mundo.

O mundo contrapõe contra a palavra do SENHOR, contrapõe seu caminho, contrapõe sua verdade, contrapõe sua vida.

"Estamos no mundo, mas não somos do mundo" (**Bíblia, Jo 17:14**).

A Verdade que é colocada diante de cada um de nós, de você, cristão, e que está diante de nós para que não erremos nas nossas opções e decisões é: a Verdade é Jesus. A Verdade que não nos deixa recuar, que nos faz caminhar certo.

Jesus dizia aos judeus que criam nele: "Se vós permanecerdes na minha palavra, verdadeiramente, sereis meus discípulos e conhecereis a verdade, e a verdade vos libertará" (**Bíblia, João 8:31-32**).

"Antes, seguindo a verdade em amor, cresçamos em tudo naquele que é a cabeça, **Cristo**" (**Bíblia, Efésios 4:15**).

"E sabemos que já o Filho de **Deus** é vindo e nos deu entendimento para conhecermos o que é verdadeiro; e no que é verdadeiro estamos, isto é, em seu Filho **Jesus Cristo**. Este é o verdadeiro **Deus** e a vida eterna" (**Bíblia, 1 João 5:20**).

Faço um importante alerta aos cristãos que não buscam compromisso com Deus, sobre a importância de não negligenciar nossa relação com o Espírito Santo e uso meu testemunho para exemplificar.

Aos 23 anos, eu me mudei do Brasil para os Estados Unidos. Aos 23 anos. "Estou livre, finalmente". Estou morando nos Estados Unidos, estudando e trabalhando, de repente eu me encontro em um lugar onde está todo mundo na curtição todo mundo bebendo, todo mundo pegando mulher, festa toda noite, toda noite balada, cassinos, dinheiro, carrão etc.

Eu falei para **Deus** coisas que as pessoas falam, mas que nunca vão assumir que falam para Deus. Eu falei para **Deus**: "Eu estou nos Estados Unidos. Eu tenho 23 anos, por que eu não posso gostar da vida? Porque eu não posso gostar de até os meus 30, 31, e daí um dia eu vou andar na rua, vou ouvir um som e vai ser de uma igreja. Eu vou entrar e me sentar no banco de trás e vou esperar o final do culto onde o pastor vai falar: 'Ei filho pródigo, hoje é o teu dia. Volta para a casa do Pai'. E aí **Jesus** vai me receber de volta e eu vou ficar:

'Consegui, minha estratégia deu certo'. Os jovens pensam assim."

Experiência com Deus

Eu lembro quando fui tomado pelo **Espírito Santo** na fazenda onde trabalhava. "Eu lembro que aos 23 anos, eu lembro que estava numa ordenha, de repente eu comecei a sentir um negócio diferente e eu estava com saudades do **Espírito Santo**, saudades da igreja, saudades do cheiro das ovelhas. E era o **Espírito Santo**. O **Espírito Santo** veio de uma maneira tão forte sobre mim que em questão de segundos eu fiquei maravilhado e transbordando da presença de **DEUS**, e quando isso aconteceu, eu fiquei debaixo da convicção do Espírito Santo."

Estava eu ali maquinando o pecado, me programando para pecar, e fui tomado pela presença do **ESPÍRITO SANTO**, que me dizia qual foi o preço que o SENHOR **JESUS** pagou pela minha vida.

Eu estava convicto do meu pecado. Era como se eu falasse: "Deus, mas eu tinha que chegar aos meus 30 anos. Eu só tenho 23 anos". E o Senhor falou para mim: "Você está vivendo muito abaixo dos propósitos que tenho para você. Isso aqui é bolota de porco comparado àquilo que eu tenho para você. Eu vou te mostrar o que tenho separado para você, meu filho."

Hoje, após muitos anos, entendo meu chamado, chamado esse que vale mais que a minha vida (que honra e que prazer é te servir meu SENHOR).

Chamado

"O crente que fica em cima do muro é o cara mais desgraçado. Ele não consegue pecar e nem consegue se render em adoração completa em entrega total no altar, não consegue viver a vontade do SENHOR. Que vida miserável, você não é nem um nem outro. Sabe o que está faltando? Pessoas que andam com Jesus da mesma maneira como elas receberam **Jesus**, o primeiro amor. Você tem um propósito e a cada dia que passa a contagem regressiva avança até o teu túmulo."

Jesus não morreu na cruz só para eu recebê-lo, Ele não morreu na cruz só para eu ser salvo. Ele morreu na cruz para eu viver meu chamado. Ele morreu na cruz para eu ser salvo, mas também para espalhar o reino de **Deus**. Você não pode viver o teu chamado no céu. Você não tem a oportunidade de marcar vidas no céu. No céu você só vai adorar a **Deus**. Você vive o teu chamado aqui na terra. Você cumpre a tua missão aqui na terra, o meu chamado tem que ser maior que a minha vida. Você já ouviu falar da Regra de Ouro.

"A Regra de Ouro"

Seja um político, um empresário, um palestrante motivacional ou apenas uma pessoa comum, pessoas de todos os seguimentos geralmente se referem às virtudes da Regra de Ouro. De fato, quase todos já ouviram a respeito ou conhecem seu significado.

A maioria das pessoas concordariam que "fazer aos outros o que faríamos a nós mesmos" é uma parte necessária da sociedade. Em muitos aspectos, é o tecido que veste nossa cultura, famílias e amizades também. A Regra de Ouro demonstra os méritos de servir aos outros, estendendo generosidade e ajudando àqueles que mais necessitam.

Jesus foi o autor da Regra de Ouro, que é uma das prioridades centrais do êxito da vida Cristã.

Como Cristãos, Deus chama a cada um de nós para levarmos nossa fé a um nível que vá além de apenas acreditar em **Deus**. Seu desejo é que cada um de nós coloquemos nossa fé em prática tocando a vida dos outros, glorificando assim a **Deus** ao mostrar Seu amor e graça a eles. Isto é verdadeiramente viver pela Regra de Ouro.

Capítulo 10

A vida

Disse **Jesus**. Quando se perde a vida plena de Deus somos prisioneiros de nossas paixões. A vida que **Deus** nos propõe em **Jesus** Cristo nos faz livres, mais donos de nós mesmos. A Vida em **Cristo** é liberdade diante de nossos próprios apetites, de nossas próprias paixões e de nossos próprios vícios. É a liberdade de escolha, que o Apóstolo Paulo ilustrou muito bem ao dizer: "Tudo me é permitido, mas nem tudo convém. Tudo me é permitido, mas eu não me deixarei dominar por coisa alguma" (**Bíblia, 1 Cor 6:12**). Por isso é um caminho de santificação.

Quando me deparo com essa palavra abençoadora em que **Cristo** é vida, me alegro muito e levo meus pensamentos na minha adolescência, quando viver não era uma prioridade para mim, pelo simples fato de não gostar de viver.

Mas **Cristo** colocou em meu coração a vontade de viver e viver abundantemente de saúde, alegria e prazer na vida com **Cristo**. No início do evangelho de João, Jesus fez essa afirmação ao povo judeu que veio ouvi-lo. Eles eram algumas das pessoas mais religiosas da terra. Eles adoravam o Deus revelado na mesma Bíblia que **Jesus** leu e eram apaixonados por obedecer aos seus mandamentos. No entanto, **Jesus** lhes disse: "Vocês estudam as Escrituras diligentemente porque pensam que nelas vocês têm a vida eterna. Estas são as mesmas Escrituras que testificam a meu respeito, mas vocês se recusam a vir a mim para ter vida" (**Bíblia, João 5:39-40**). Mais tarde, ele disse ao mesmo público: "Se vocês não acreditarem que eu sou ele, certamente morrerão em seus pecados" (**Bíblia, João 8:24**).

Considere esta analogia um tanto imperfeita: o filme *Braveheart* (Coração valente) descreveu as façanhas de William Wallace enquanto ele liderava o povo escocês em rebelião contra Edward Longshanks, o rei da Inglaterra. À medida que as vitórias de Wallace se tornaram mais numerosas, sua reputação cresceu exponencialmente. Então, um dia, ele veio para liderar alguns guerreiros escoceses que não o conheciam, e afirmou que ele era o único Caminho.

Ele anunciou aos soldados: "Filhos da Escócia! Eu sou William Wallace." Mas um guerreiro incrédulo exclamou: "William Wallace tem dois metros de altura!" "Sim, eu ouvi", respondeu Wallace. "Mata homens às centenas. E se ele estivesse aqui, ele consumiria os ingleses com bolas de fogo de seus olhos e relâmpagos" (risadas dos soldados). "Eu sou William Wallace! E eu vejo um exército inteiro de homens do meu país, aqui, desafiando a tirania... Você vai lutar?".

Suponha que eles tenham respondido: "Não vamos seguir ou lutar por você. Vamos esperar que o verdadeiro William Wallace apareça." Você compreende o absurdo dessa situação? Não havia outro William Wallace. E se eles não o seguissem, então sua espera por outro seria ilusória.

De maneira semelhante, o povo de Israel havia lido sobre **Deus** em suas Escrituras, mas agora ele havia aparecido pessoalmente. Era ridículo pensar que eles poderiam rejeitá-lo e ainda afirmar que seguiam o **Deus** sobre o qual apenas leram.

Na mesma noite, quando Jesus fez a afirmação: "Ninguém vem ao Pai senão por mim", ele acrescentou: "Se você realmente me conhece, você também conhecerá meu Pai. De agora em diante, você o conhece e o vê" (**Bíblia, João 14:6,7,8**).

Um de seus discípulos, chamado Filipe, disse: "Senhor, mostra-nos o Pai e isso nos basta". **Jesus** respondeu: "Você não me conhece, Filipe, mesmo depois de tanto tempo entre vocês? Quem me viu, viu o Pai. Como você pode dizer: 'Mostra-nos o Pai'?" (**Bíblia, João 14:6,7, 8,9**).

Quem é igreja verdadeira

Denominações são apenas paredes de um templo, templo esse que recebe igreja verdadeira e igreja falsa, a palavra de **Deus** nos ensina que somos templo e morada do Espírito Santo, que nós homens e mulheres somos de fato o corpo de Cristo e a igreja do senhor.

Acaso não sabem que o corpo de vocês é santuário do Espírito Santo que habita em vocês, que lhes foi dado por **Deus**, e que vocês não são de vocês mesmos? (**Bíblia, 1 Cor 6:19**).

A verdades de que somos o templo do **Espírito Santo de Deus** aponta primeiramente para a forma com que **Deus** manifestava a sua presença no Antigo Testamento. Na antiga aliança, **Deus** era adorado no Tabernáculo construído primeiramente no deserto e, mais tarde, no Templo construído em Jerusalém durante o reinado do rei Salomão.

O Templo era o local onde o Nome de **Deus** habitava, no sentido de que sua presença se manifestava de tal forma que todo o Templo se enchia com a nuvem de sua glória (**Bíblia, 1 Reis 8:10,11**). Na nova aliança, a presença de Deus habita em seu próprio povo, enchendo-os com o Espírito Santo, ou seja, a Igreja é o templo de Deus.

A Igreja é o templo do Espírito Santo.

Existem várias passagens bíblicas que ensinam que o próprio Deus habita em sua Igreja. O apóstolo Paulo escreve que "nós somos o santuário do Deus vivo" (**Bíblia, 2 Coríntios 6:16**), e que **Jesus Cristo** é a pedra angular, "no qual todo o edifício, bem ajustado, cresce para templo santo do Senhor" (**Bíblia, Efésios 2:21**).

Em 1 Coríntios, o mesmo apóstolo fala explicitamente sobre como o povo de Deus é o templo do Espírito Santo. Aqui vamos destacar duas passagens fundamentais sobre esse assunto: **1 Coríntios 3:16,17 e 6:19**.

Embora esses versículos sejam muito semelhantes, o enfoque de Paulo é diferente em cada um deles. Em **1 Coríntios 3:16**, ele está apontando para o povo de **Deus**, em toda sua coletividade e, ao mesmo tempo, unidade, como sendo o santuário de **Deus**. Ser templo de Deus quer dizer que **Deus** faz morada em sua vida através do sacrifício de seu filho **Jesus Cristo** no calvário, isto é, quando você já O recebeu como seu único e suficiente Salvador, aí, sim, você é Templo de Deus. A ideia de que os homens haveriam de ser templo de Deus surgiu das promessas anunciadas pelos profetas do Antigo Testamento. **Deus** prometeu por intermédio do profeta Isaías que haveria de vivificar o espírito dos abatidos, e vivificar o coração dos contritos fazendo neles morada.

O profeta Ezequiel anunciou que Deus poria dentro dos homens o seu Espírito, agraciando-os com um novo espírito e um novo coração **(Bíblia, Ez 36:2)**. Templo que Deus habita não se refere ao prédio onde os cristãos se reúnem, ou seja, a igreja de **Deus** não se constrói com tijolos, cimento, telhas, vidraças e portas.

De onde surgiu a ideia de que os cristãos são templo, casa, habitação, morada e santuário de Deus? Por que os cristãos são efetivamente templo e morada do Espírito? Por que os cristãos não são nomeados no plural de templos, santuários etc.?

A ideia de que os homens haveriam de ser templo de Deus surgiu das promessas anunciada pelos profetas do Antigo Testamento. Deus prometeu por intermédio do profeta Isaías que haveria de vivificar o espírito dos abatidos, e vivificar o coração dos contritos fazendo neles morada.

O profeta Ezequiel anunciou que Deus poria dentro dos homens o seu Espírito, agraciando-os com um novo espírito e um novo coração **(Bíblia, Ez 36:27)**.

Como Deus haveria de vivificá-los? Fazendo neles morada: "Porque assim diz o Alto e o Sublime, que habita na eternidade, e cujo nome é Santo: Num alto e santo lugar habito; como também com o contrito e abatido de espírito, para vivificar o espírito dos abatidos, e para vivificar o coração dos contritos" **(Bíblia, Is 57:15)**.

Somente quando o Autor da Vida passa a habitar no homem é que se dá a nova vida. Para que possa obter nova vida é imprescindível que Deus faça do homem "morada". Quando isso acontece, aí sim podemos dizer que somos igreja.

Jesus anunciou aos seus discípulos esta verdade dizendo: "Se alguém me ama, guardará a minha palavra, e meu Pai o amará, e viremos para ele, e faremos nele morada" **(Bíblia, Jo 14:23)**.

Somente quem crê em Cristo Jesus, como dizem as escrituras, guarda as suas palavras, e o Pai juntamente com o Filho fará nele morada. Então, cumpre-se o predito pelo profeta Isaías: "O Alto e o Sublime que habitam a eternidade virão para o homem que crê e farão nele morada".

O objetivo de Deus em vivificá-los, concedendo-lhes um novo coração e um novo espírito é o de serem templo, lugar de habitação do Eterno **(Bíblia, Sl 51:10; Ez 36:27; Is 57:15 e Jo 14:23)**. O Pai é o Altíssimo, e o Filho é o Servo do Senhor, que, ao ser entronizado no trono da sua glória, será mui sublime, e ambos farão dos que creem morada **(Bíblia, Is 52:13)**.

Quais as características das pessoas que são chamadas a compor o templo do Senhor?

São pobres, abatidos, contritos, sedentos, oprimidos, tristes etc. **(Bíblia, Is 61:1; Mt 11:28)**. A mensagem de **Cristo** sempre foi voltada aos pobres de espírito, aos cansados e oprimidos. Cristo veio em busca das ovelhas perdidas "E ele, respondendo, disse: Eu não fui enviado senão às ovelhas perdidas da casa de Israel" **(Bíblia, Mateus 15:24; Ezequiel 34:16)**.

Os cristãos de Corinto pareciam desconhecer o que foi concedido gratuitamente por **Deus**, pois, além de não suportarem o ensinamento do apóstolo Paulo (alimento sólido) **(Bíblia, 1 Co 2:12 e 1 Co 3:2)**, foram questionados: "Não sabeis vós que sois santuário de Deus e que o Espírito de Deus habita em vós?" **(Bíblia, 1 Coríntios 3:16)**.

É assente entre os cristãos que todos são templo, morada, edifício e lavoura do Espírito de **Deus (1 Co 3:9)**, porém esquecem que o santuário de **Deus** é sagrado. Cada cristão é sagrado, santo, morada do Altíssimo porque Deus habita em seu interior.

Ou seja, o templo de **DEUS** é limpo, o templo de Deus é santo, sagrado, pois foi separado para propriedade e habitação inviolável de **Deus**. **Deus** estabeleceu uma única morada, e todos os cristãos são moradas de **Deus**.

Capítulo 11

Como uma Igreja verdadeira age e vive

Primeiro precisamos entender o conceito de Igreja, temos as verdadeiras e as falsas. É natural que as instituições religiosas falsas reproduzam uma falsa identidade e um falso cristão. Nós, crentes em Jesus, entendemos que os sacramentos bíblicos como a ceia e o batismo são fundamentais e normativos para uma Igreja. Além disso, precisam ser administrados de forma correta. Quando a instituição não cumpre com essa determinação, que é bíblica, foge do contexto e por isso prega o falso evangelho e consequentemente não gera conversão de almas. As Igrejas verdadeiras reproduzem cristãos verdadeiros. Há que se ressaltar, porém, que nem todas as igrejas consideradas verdadeiras são saudáveis, pois podem estar doentes no sentido de enfrentarem dificuldades em seu contexto, no que tange a evangelização, centralidade da Palavra de Deus, discipulado, Teologia Bíblica sólida e forte. A igreja pode vacilar e perder sua saúde. Uma Igreja saudável não significa que não tenha defeitos, mas pode ter um resfriado. O câncer é mais que um resfriado, ele ameaça a vida de uma pessoa, a mesma coisa acontece na Igreja. A identidade natural é o que define uma pessoa e vai determinar também o nosso estilo de vida. Mas a identidade espiritual, que é o que somos de fato diante de Deus, vai interferir no nosso papel dentro da Igreja. Eu não acredito que uma pessoa possa saber de fato quem ela é se não for revelado a ela quem é através do Evangelho. A nossa identidade precisa estar conectada a **Deus**. E isso tem que ser visto dentro da Igreja.

E dentro das instituições existem doenças que ameaçam a vida da igreja, e se elas estiverem muito doentes vão reproduzir cristãos doentes. A identidade de uma pessoa ou de um membro de uma igreja vai refletir o estado espiritual de uma igreja.

Precisamos fazer essa análise, comparando nossas atitudes, em relação ao que está escrito, sobre os cristãos, na origem da igreja. Atos dos **Apóstolos: Capítulo 3 versículos 1 até o 6**.

"Pedro e João subiam juntos ao templo à hora da oração, a nona. E era trazido um varão que desde o ventre de sua mãe era coxo, o qual todos os dias punham à porta do templo chamada Formosa, para pedir esmola aos que entravam.

Ele, vendo a Pedro e a João, que iam entrando no templo, pediu que lhe dessem uma esmola. E Pedro, com João, fitando os olhos nele, disse: 'Olha para nós'. E olhou para eles, esperando receber alguma coisa. E disse Pedro: 'não tenho prata nem ouro, mas o que tenho, isso te dou. Em nome de **Jesus Cristo**, o Nazareno, levanta-te e anda'".

Tudo que a família e a sociedade estavam fazendo por ele era botá-lo à porta Formosa, todos os dias, para pedir esmolas.

Mas eu quero chamar a sua atenção a respeito do papel da Igreja de **Cristo**, nessas circunstâncias. Nós temos que ter a coragem da Igreja Primitiva para dizer "olha para nós".

"Eu não tenho ouro, ou prata", mas o que Pedro tinha iria resolver o problema por isso ele disse "o que eu tenho, isso eu te dou"; ou seja, uma palavra de esperança, de fé, que pode restaurar a vida daquela pessoa, por completo, no nome de **Jesus**.

É esta palavra de fé que nós como igreja temos que ter, porque a palavra é **Jesus** e Ele está pronto para se manifestar através de nós, se tivermos coragem.

Creio que está na hora de a igreja atual olhar para a igreja que se estabeleceu em Atos dos Apóstolos, para a fé e coragem dos apóstolos, diáconos, e a igreja como um todo, e fazer uma grande obra como eles fizeram (este capítulo foi repetido propositalmente para nosso entendimento).

Capítulo 12

Reflexo de Cristo

"Mas todos nós, com rosto descoberto, refletindo como um espelho a glória do Senhor, somos transformados de glória em glória na mesma imagem, como pelo Espírito do Senhor" **(Bíblia, 2 Coríntios 3:18)**.

Todas as vezes que Moisés se reunia com Deus para falar com Ele, ele o fazia com o rosto descoberto. Paulo usa essa figura para mostrar o que está acontecendo conosco no ministério do Espírito. Todas as vezes que buscamos ao Senhor, estamos em contato com a glória de **Deus**! E esses encontros são transformadores a ponto de vermos os céus abertos sobre nós. Ninguém é o mesmo após um verdadeiro contato com a presença de **Deus**.

Por isso, o cristão está sendo diariamente transformado pela glória do Senhor. Esse processo contínuo nos torna cada dia mais semelhantes a **Deus**. Essa transformação é de glória em glória. A cada novo encontro com Deus, algo vai sendo transformado dentro de nós. Por isso, quando persistimos em buscar a face do SENHOR **JESUS**, vamos aperfeiçoando essa comunhão e nos enchendo do seu poder glorioso! O Senhor pode te libertar desse vício e desse pecado que o oprime, que o prende.

Lance-se na gloriosa aventura de encontrar o Todo-Poderoso no altar da oração!

Enquanto caminhamos, o mundo ao nosso redor espera ver, em nós, a transformação que só o Espírito Santo faz na vida de um pecador arrependido. Observando um espelho, relembramos alguns cuidados necessários essenciais para que sejamos usados pelo Senhor, refletindo Sua glória no mundo.

Para refletir como espelho a Glória de **Cristo**, é preciso ter o rosto descoberto

Assim como um espelho deve estar descoberto para refletir a imagem de determinado objeto, nós também necessitamos de que nada se interponha entre nós e o nosso **Deus**. O véu que separava o homem de **Deus** foi rasgado por ocasião da morte de Jesus na cruz.

Este gesto possibilitou que a glória do Senhor rebrilhasse em nossa vida. O acesso que temos à sua presença foi garantido pela morte e ressurreição de **Cristo**. Vamos desfrutar, portanto, dessa comunhão maravilhosa.

Um espelho chamado cristão deve ter o rosto descoberto.

Para refletir como espelho a Glória de **Cristo**, é preciso estar limpo.

Muitas vezes, a imagem refletida no espelho não é nítida, não tem brilho. Pequenas manchas internas, ou até mesmo poeira, dificultam a nossa visão. Assim também os nossos pecados encobrem o rosto do nosso **Deus** e as nossas iniquidades nos separam do Senhor **(Bíblia, Isaías 59:2)**. Se desejamos refletir a sua glória com todo o brilho e perfeição, busquemos diariamente purificar as nossas vidas, confessando "os nossos pecados, na certeza de que Ele é fiel e justo para nos perdoar e purificar de toda e qualquer injustiça" **(Bíblia, Salmos 110:1)**.

Um espelho chamado cristão deve estar limpo. Para refletir como espelho a Glória de **Cristo**, é preciso estar bem direcionado.

Mesmo descoberto e limpo, o espelho só é capaz de refletir o objeto para o qual se direciona. O cristão que não está em sintonia com o Senhor, corre o risco de refletir outras imagens. Ao direcionarmos o nosso olhar para o "autor e consumador de nossa fé", passamos a refletir cada vez mais a sua glória, através de nossas vidas. E assim, de glória em glória, somos transformados e Sua luz se revela em nossa vida. Quanto mais ela brilhar, mais **Cristo** será visto em nós.

Um espelho chamado cristão deve estar bem direcionado.

Por muitas vezes, eu estava mal direcionado e o que refletia não era **Cristo**, e quando não refletimos **Cristo**, refletimos o mundo.

Estou procurando uma igreja para congregar, então resolvi pedir conselho ao Ap. Paulo, para saber qual eu devo escolher.

Alô! É o Apostolo Paulo?

– Sim, é ele!

– A paz do Senhor Jesus!

– Amém, irmão!

– Desculpe o incômodo, mas estou precisando da sua ajuda, é que eu ando decepcionado com a igreja a qual pertenço e estou procurando outra para congregar.

Estou pensando em congregar em Corinto, o que o senhor me diz?

– Olha, a Igreja de Corinto é boa, mas tem grupinhos (**Bíblia, 1 Coríntios 1:12**), tem inveja, contendas (**Bíblia, 1 Coríntios 3:3**), brigas que vão parar nos tribunais de justiça (**Bíblia, 1 Coríntios 6:11**), tem até alguns fornicadores (**Bíblia, 1 Coríntios 5:1**).

– E a Igreja de Éfeso?

– É uma Igreja alicerçada na Palavra (**Bíblia, Atos 20:27**), mas, ultimamente, tem muita gente sem amor por lá (Bíblia, **Apocalipse 2:4**).

– E Tessalônica?

– É boa também, mas tem alguns desordenados que não gostam de trabalhar (**Bíblia, 2 Tessalonicenses 3:10,13**).

– E se eu for para Filipos?

– Filipos até que é uma igreja boa, mas a irmã Evódia e a irmã Síntique se desentenderam e estão sem conversar, mas cantam todo culto no coral do círculo de oração (**Bíblia, Filipenses 4:2**).

– Então, acho que vou mudar para Colosso.

– Olha, em Colosso tem um grupo que está até cultuando a anjos (**Bíblia, Colossenses 2:18**).

– Que coisa! E se eu for para a igreja dos Gálatas?

– Bem, lá tem alguns crentes que querem se devorar entre si (**Bíblia, Gálatas 5:15**).

– Não sabia que era tão difícil achar uma igreja perfeita.

"Entrei em contato com o Apóstolo João para saber se a igreja de Tiatira seria ideal, mas ele me disse que os irmãos lá têm tolerado uma mulher que se diz profetisa e que tem apoiado a prostituição e a idolatria **(Bíblia, Apocalipse 2:20)**.

"Pensei, então, na possibilidade de ir para Laodiceia, mas João me disse que seus membros são orgulhosos, materialistas e mornos espiritualmente" **(Bíblia, Apocalipse 3:16)**.

"Perguntei sobre Pérgamo, e João me disse que lá tem alguns que seguem as doutrinas dos nicolaítas e de Balaão **(Bíblia, Apocalipse 2:14-15)**.

"Sabe, irmão Paulo, já pensei em ir para a Igreja Central em Jerusalém, mas ouvi dizer que tem muita gente preconceituosa lá **(Bíblia, Gálatas 2:12-13)**, além de murmuradores **(Bíblia, Atos 6:1)** e alguns mentem ao ministério buscando destaque na comunidade **(Bíblia, Atos 5:1-11)**. E agora, o que faço?"

– Você precisa entender que há joio no meio do trigo em todo lugar, muitos crentes são genuínos, mas estão em processo de aperfeiçoamento.

"Alguns mais maduros e outros ainda imaturos.

"UM DIA HAVERÁ UMA IGREJA PERFEITA" **(Bíblia, Hebreus 12:23)**, mas nem eu nem você poderemos entrar lá nesse corpo corruptível.

"Portanto, meu conselho é que você se coloque à disposição de Deus para se tornar um membro saudável na edificação do Corpo de Cristo para a salvação de muitos e para a glória de Deus **(Bíblia, Efésios 4:1-16)**.

"Quando for à igreja, não vá atrás de um culto que te agrade, mas ofereça o seu melhor, se você fizer isso, o seu culto será perfeito, mesmo em uma igreja imperfeita."

COMO VOCÊ PODE ENTRAR NO CÉU

O céu é um lugar preparado para pessoas preparadas. A porta do céu é Jesus. O caminho para o céu é Jesus. A condição para entrar no céu é arrepender-se e crer em **Jesus**.

Você vai para o céu?

"Que, sendo em forma de **Deus**, não teve por usurpação ser igual a Deus, mas esvaziou-se a si mesmo, tomando a forma de servo, fazendo-se semelhante aos homens; E, achado na forma de homem, humilhou-se a si mesmo, sendo obediente até à morte, e morte de cruz" **(Bíblia, Filipenses 2:6,7,8)**.

O instrumento de resistência contra o mal neste mundo chama-se igreja

"Líderes acima da média são diferentes! Eles vivem concentrados em abrir caminho para próxima geração. Por se enxergarem como parte de um grande plano divino, um enredo que vai muito além de suas próprias vidas, não aceitaram a ideia de sucesso sem sucessão". (Danilo Figueira)

"Porque pela graça sois salvo, por meio da fé; e isso não vem de vós, é dom de **DEUS**" **(Bíblia, Efésios 2:8)**.

"A religião pura e imaculada para com **DEUS, O PAI**, é estar: Visitar os órfãos e as viúvas nas suas tribulações e guardar-se da corrupção do mundo" **(Bíblia, Tiago 1:27)**.

Referência

BÍBLIA. Bíblia de estudo de Genebra. São Paulo: Editora Cultura Cristã, 1999.